AF226677

APERCU

SUR

LA SITUATION POLITIQUE,

COMMERCIALE ET INDUSTRIELLE

DES POSSESSIONS FRANÇAISES

DANS LE NORD DE L'AFRIQUE.

APERCU

LA SITUATION POLITIQUE,

COMMERCIALE ET INDUSTRIELLE

DES POSSESSIONS FRANÇAISES

DANS LE NORD DE L'AFRIQUE,

AU COMMENCEMENT DE 1836.

PAR L. B.

Les difficultés de la colonisation ne sont
ni dans le climat, ni dans le sol, ni dans le
caractère des indigènes. Elles sont en nous.

PARIS,

DE L'IMPRIMERIE ROYALE.

MAI 1836.

TABLE DES MATIÈRES.

PRÉFACE.

Envoyé par ordre en Afrique, attaché depuis quatre ans à de laborieux devoirs, convaincu, par l'étude et par l'expérience des faits, de la possibilité de la colonisation dans l'intérêt de la France, nous avons recueilli bien des notes et des observations que nous nous sommes empressé de communiquer à toutes les personnes qui ont bien voulu les lire.

Les circonstances semblent devenir plus pressantes; chaque année de retard dans une solution définitive de la question ne peut, en effet, que la compliquer; nous avons fait taire notre répugnance à écrire, nous avons réuni rapidement quelques-unes de ces notes, nous y avons joint quelques réflexions nouvelles; nous osons les livrer au public.

Notre défiance de nous même est grande; cependant nous demandons qu'on veuille bien nous lire avec un peu d'attention, car le sujet est grave: cet écrit est un mot de conscience; il s'appuie sur les faits, et l'on ne saurait trop écouter quand il s'agit de juger une question qui touche à la fois à l'honneur et aux intérêts de notre belle Patrie !

les faits, et l'on ne saurait trop écouter quand il s'agit de juger une question qui touche à la fois à l'honneur et aux intérêts de notre belle Patrie !

APERÇU

SUR

LA SITUATION POLITIQUE,

COMMERCIALE ET INDUSTRIELLE

DES POSSESSIONS FRANÇAISES

DANS LE NORD DE L'AFRIQUE.

CHAPITRE Ier.

EXAMEN DES PREMIÈRES DISCUSSIONS SUR ALGER.

Les Chambres sont assemblées... la question d'Alger va être encore une fois livrée au conflit des opinions et des intérêts.

Les dispositions, dit-on, sont menaçantes... N'importe ! Nous avons foi dans notre cause et dans la raison publique. Les succès déjà obtenus, les lumières des Chambres, l'habileté de quelques députés qui ont *vu et étudié* l'Afrique, la présence parmi nous d'un prince que Paris a revu paré des hommages conquis par son brillant courage, par sa grâce bienveillante, par cette éloquence de famille qui sait parler à la fois au patriotisme, au cœur et à la raison.... tout nous rassure contre des adversaires, redoutables sans doute, mais trop préoccupés des fautes du passé, ou égarés par des renseignements inexacts.

Faible athlète, nous n'avons pas la prétention de jeter un jour nouveau sur la question ; mais puisqu'elle rajeunit par les contestations nouvelles dont elle est l'objet, on nous permettra de revenir rapidement sur le passé et de tracer l'esquisse du présent.

Quoi que l'on puisse en dire, la discussion a fait des progrès ; déjà elle n'est plus où elle en était. Autrefois c'était l'abandon pur et simple que l'on examinait. Plus tard, on a allégué l'insalubrité du climat, l'impossibilité des cultures sous un ciel brûlant, la férocité indomptable des indigènes... tant d'autres obstacles prétendus, qui se sont dissipés devant l'expérience, et dont la raison publique à fait justice en même temps qu'elle détruisait les exagérations contraires.

Gardons-nous des exagérations : elles inspirent la défiance et trompent le jugement. Soyons simples, soyons vrais ; c'est dans la raison que repose notre force.

Bornons-nous à exposer les faits, à en déduire les conséquences ; mais, avant d'en venir là, jetons encore un coup d'œil sur cette opinion de l'abandon absolu, sur ces prétendus obstacles.

La Méditerranée sera pour longtemps encore, suivant toute apparence, le théâtre des principaux événements politiques.

L'Espagne et le Portugal, dont les destinées sont liées, se débattent dans des convulsions, sous le génie des idées nouvelles qui font tomber une à une les anciennes croyances ; l'Italie se réveille peu à peu ; une puissance nouvelle sort des ruines fumantes de la Grèce ; l'empire du Croissant s'écroule et va prendre une face nouvelle ;

l'Égypte emprunte à l'Europe ses arts, ses sciences, ses armes, ses officiers, et rallume, au foyer de la civilisation, un flambeau qui s'éteignait sous l'islamisme.

Tous les événements que renferment ces faits se résoudront sur les bords de la Méditerranée.

Sans la Régence, nous n'y possédons que Toulon et quelques ports de commerce.

Avec la Régence, nous possédons les ports d'Alger, de Bône, d'Oran et de Bougie ; la rade de Stora, qui, au dire des marins, peut fournir à peu de frais un excellent port ; celle d'Arzew, susceptible de fournir un jour un établissement maritime important ; celle de Mers-el-Kebir, capable de contenir vingt vaisseaux de guerre ; nous possédons des batteries formidables, et des écueils plus formidables encore à qui tenterait de s'en approcher en ennemi.

Parcourons rapidement les provinces.

Alger, depuis longtemps le séjour du pouvoir, est important par ce fait, par ses établissements, par son port, par ses habitations riantes, par la plaine peut-être trop vantée, mais certainement riche, de la Mitidja, dont nous n'occupons encore que la partie malsaine ; par le plateau même qui domine la ville et qui commence à produire toutes les denrées de l'Europe.

Oran offre, par ses fortes positions, vis-à-vis l'Espagne et presque à l'entrée du détroit, un Gibraltar militaire ; il peut devenir aussi un Gibraltar commercial.

De ses ports partent incessamment des navires qui font, avec les royaumes de Murcie et de Valence, un commerce déjà important. Fertile en riz, grains, bestiaux, chevaux, kermès et autres produits ; peuplée de tribus plus riches et plus accoutumées au commerce que celles des environs d'Alger, cette province présente, sous le rapport commercial, un intérêt qui n'a pas encore été apprécié suffisamment.

A l'extrémité ouest, Tlemsen, sur les frontières de l'empire de Maroc, dans un pays riche, arrosé et couvert de plantations, objet de la convoitise d'Abd-el-Kader, et où il aurait préparé ses moyens de défense, si le maréchal Clauzel ne s'en était emparé.

A quelques lieues d'Oran, Arzew, l'ancien Arsenaria des Romains, offrant une bonne rade dans un pays fertile en grains.

Mostaghanem et Masagran, positions militaires, eu égard aux mouvements qui peuvent se faire dans la province, et qui sont d'une richesse admirable en produits de toute nature : le coton y a été cultivé et s'y est perpétué sans culture. Ces deux villes étaient indiquées depuis long-temps, comme devant former le siége d'un pouvoir rival d'Abd-el-Kader. Cet espoir est réalisé : elles sont occupées aujourd'hui par le bey Ibrahim et par el Mazari, l'ancien lieutenant de l'émir.

Dans l'est, Bougie, point de relâche qui assure nos communications avec Bône et donnerait, si nous l'abandonnions, un port à l'ennemi. Voisine d'une riche vallée, qu'un peu plus de persévérance nous eût déjà ouverte, Bougie est célèbre par la richesse et le nombre de ses oliviers, par ses bois de construction et par sa rade, qui servait autrefois d'entrepôt naval au gouvernement turc de la Régence.

Bône est connu par l'admirable fécondité de son territoire : la population de la plaine y est plus agricole que guerrière ; accoutumée au nom français, elle a été facilement amie. Constantine une fois occupée par un bey nommé par la France, Bône s'enrichira promptement du commerce qu'Achmet bey dirige aujourd'hui sur Tunis, au moyen de la peine de mort qu'il a prononcée contre ceux qui commerceraient avec les Français.

Protégée par des côtes dangereuses, par la mobilité des vents, par la force des courants, l'ex-Régence, qui a bravé si longtemps l'Europe à l'aide de ses seules défenses naturelles, n'est guère accessible à une flotte nombreuse que par un très-petit nombre de points qui seraient facilement protégés par quelques ouvrages et par une armée française.

Beaucoup de bons esprits, des hommes d'un haut mérite, s'élevaient contre la conquête ; mais personne n'osait dire hautement qu'il fallait l'abandonner.

C'est que l'amour-propre national s'y est attaché ; c'est que l'opinion publique a besoin de cet aliment ; c'est qu'un instinct secret, même chez ceux qui n'ont pas vu, nous avertit que dans la possession d'un royaume riche et fécond, à proximité du nôtre, ayant des ports, des rades, des villes, un territoire fertile, il y a tous les éléments d'une puissance et d'une prospérité nouvelles pour un peuple industrieux qui en sera maître.

Et après avoir fait cette conquête, nous irions, effrayés des premières difficultés, étonnés de ne pas voir, à notre premier souffle, se dissiper la poussière des siècles qui la couvre, nous irions l'abandonner ! L'abandonner avant d'avoir tout tenté pour la régénérer ! Nous irions justifier encore une fois ce reproche de versatilité que l'histoire est en droit de nous adresser ! Rappelez-vous Surinam ; rappelez-vous le Canada ; rappelez-vous ce qu'ils étaient quand nous les avons quittés et ce qu'ils sont devenus depuis.

L'abandonner ! Mais à qui ? Ou cette colonie est ruineuse, et alors personne n'en voudra ; ou sa possession est utile ; alors pourquoi s'en défaire ? Quelle compensation nous accordera-t-on ? Qui nous garantira contre l'affaiblissement de notre marine dans la Méditerranée ? Quelle indemnité, quel territoire nous donnera-t-on pour balancer nos dépenses et nos pertes?

Les puissances étrangères, a-t-on dit ensuite, sont jalouses et s'opposent à cet établissement.

Il n'entre pas dans nos vues d'aborder les questions de haute politique : ce serait s'égarer dans un labyrinthe où le hasard ordinairement, bien plus que les combinaisons de notre orgueilleuse sagesse, jette le fil qui conduit à l'issue. Nous ne sommes pas non plus comme ces paladins de la politique qui, du coin de leurs foyers, tranchent résolument les questions, jettent au moule une Europe nouvelle, et d'un coup de leur épée renversent la Russie, ruinent l'Angleterre, relèvent la Pologne, etc. Ah! certes, nous avons confiance dans notre pays; certes, nous croyons qu'il pèse dans la balance et que, quand il veut parler haut et ferme, le monde est attentif; mais nous savons que de grands incendies naissent d'une étincelle, que la guerre la plus heureuse est un épouvantable fléau, et que si la France ne la redoute jamais, elle est trop sage pour y convier les peuples.

Sans porter nos vues aussi loin, nous songeons que, suivant toute apparence, le temps est pour nous; que l'Europe occupée ne peut sérieusement s'opposer à notre établissement; que seule la France a répandu son sang et ses trésors pour conquérir l'Afrique; que seule encore elle pourvoira aux dépenses de l'avenir pour achever de rendre au monde policé cette contrée qu'elle dispute à la barbarie et au fanatisme; que par cette conquête elle a affranchi plusieurs puissances des tributs honteux qu'elles payaient à des pirates; que la mer est libre; que ce pays, régénéré, sera plus utile à l'Europe que ne l'était l'ancienne Régence. Et d'ailleurs, si l'Europe est jalouse, c'est qu'apparemment nous avons à attendre quelques avantages. La France renoncera-t-elle à ces avantages parce que l'Europe en est jalouse?

Laissant de côté la question politique, on s'est appuyé ensuite sur les autres obstacles puisés dans la nature du sol, l'insalubrité du climat et le caractère des indigènes.

Le nord de l'Afrique ne doit être considéré ni comme une terre maudite ni comme la terre promise : il ressemble au midi de la France, de l'Espagne, de l'Italie; il est, en général, dans les mêmes conditions de fertilité et de salubrité que les autres pays placés sous la même latitude. Comme eux, il est malsain dans le voisinage des marais, salubre dans sa plus grande étendue; il est humide en hiver et chaud en été; ce qui est un peu vulgaire, mais ce qui a le mérite d'être vrai : la chaleur n'est réellement pénible que pendant trois mois de l'année, et les précautions hygiéniques les plus faciles à prendre suffisent pour prévenir les maladies.

Ce n'est point assez d'y gratter la terre pour qu'elle produise d'abondantes récoltes; il faut, là comme ailleurs, le travail et l'intelligence de l'homme, la connaissance des saisons, l'étude des sols et des cultures diverses; mais la végétation y est magnifique et le pays peut fournir en abondance tous les produits de l'Europe : l'olivier, le mûrier, le tabac, la garance, et de plus, le coton et l'indigo, sources suffisantes de richesses.

Les indigènes ne sont ni à mépriser ni à redouter. Ils ont des vices et des vertus; ils ne manquent pas d'intelligence et obéissent à une impulsion nouvelle plus facilement que nos paysans. Ils aiment la guerre; mais ils ne savent pas la faire et ils ne peuvent la soutenir pendant plusieurs jours. Ils ont peu de besoins aujourd'hui, mais ils sont intéressés et spéculateurs; ils entrent facilement en relation d'affaires avec nous quand ils ont résisté pendant quelque temps et qu'une plus longue résistance leur paraît impossible. Avec le gain, leurs besoins augmentent, et beaucoup d'entre eux consomment aujourd'hui des denrées et des objets manufacturés dont ils n'avaient pas l'idée avant notre arrivée.

Leur mépris des chrétiens est plutôt affecté que réel; car au fond ils reconnaissent très-bien notre supériorité intellectuelle.

S'ils font peu de cas de nous, c'est quand nous leur apparaissons faibles et sans volonté; notre simplicité, notre peu de faste leur paraissent étranges, parce que chez eux le luxe intérieur, la hauteur et la gravité silencieuse marchent toujours avec la puissance.

Ils ne tiennent aucun compte de notre indulgence, qu'ils taxent de faiblesse; mais ils estiment ceux qu'ils redoutent. Le général Desmichels, qui les a vaincus plusieurs fois avant la paix, a leur estime, et, malgré le revers de la Macta, où la fortune a trahi pour un jour un noble caractère et un grand courage, c'est un fait constaté qu'ils ont conservé un souvenir respectueux et une grande idée du général Trézel, qui, la veille, leur avait tué près de 1,500 hommes, et s'est montré envers eux constamment ferme et énergique.

Les Arabes ont certainement leur caractère distinctif; il faut le connaître pour les vaincre pendant la guerre, pour les diriger pendant la paix; mais, en étudiant avec soin cette classe d'hommes, on reconnaît qu'ils sont, en définitive, semblables à bien d'autres, et le secret trouvé, il n'est ni long ni difficile de l'appliquer.

S'il fallait résumer les traits principaux de leurs mœurs et de leur caractère, on déduirait de l'observation les aphorismes suivants :

Les occupations des Arabes sont la guerre, la culture et le commerce.

Il n'y a de grand parmi eux que la force, la richesse et la piété.

Les intérêts matériels font toute leur politique; ils s'en occupent dès l'enfance et savent très-bien les distinguer.

Ils sont régis par les grands.

Les grands et les petits sont tous jaloux d'obtenir du pouvoir, de la fortune et des richesses.

Ils servent volontiers ceux qui peuvent leur en donner, qu'ils soient musulmans ou chrétiens.

Non, ces peuples ne sont pas difficiles à soumettre; il faut savoir et vouloir : non, cent fois non, les difficultés de la colonisation ne sont ni dans le sol, ni dans le climat, ni dans les indigènes.

Elles sont en nous : dans notre ignorance, dans notre mobilité, dans notre défaut de persévérance.

Aujourd'hui enfin ces vérités sont généralement senties, ces faits sont connus; l'importance du nord de l'Afrique est comprise, les obstacles prétendus inhérents au pays ont disparu.... Nous sommes en progrès : on convient qu'il faut garder.

Qui oserait, en 1836, assumer la responsabilité d'un conseil qu'on n'osait pas donner en 1830 ou 1831?

Qui oserait dire qu'il faut déshériter la France de sa conquête? qui oserait dire à la révolution de juillet : Arrache ton drapeau de cette terre où un autre drapeau s'était glorieusement planté; qui oserait dire au Gouvernement : Abandonne ces côtes à l'étranger ou à l'indigène : à l'étranger, pour qu'il s'y maintienne et ferme un jour la Méditerranée aux vaisseaux de la France; à l'indigène, pour que la piraterie renaisse sur cette mer, et que des tribus, faibles et divisées entre elles, s'égorgent sur les débris que tu auras laissés.

Il faut garder le nord de l'Afrique, parce que nous le possédons, parce que notre gloire le commande, parce

2

que c'est une position politique et commerciale qu'il ne faut pas laisser à l'étranger, parce que des intérêts nombreux y ont pris naissance, parce que l'on a fait d'immenses sacrifices dont il faut retirer les fruits, parce que l'abandon serait la perte de ces dépenses, l'occasion d'une dépense nouvelle et l'aveu de notre impuissance; parce que, de là, nous pouvons exercer une haute influence sur l'Espagne, l'Italie, la Grèce, Constantinople et l'Égypte.

Ce parti a pour lui la raison d'état; il a pour lui tout ce qui a été dit en faveur des colonies; il n'a contre lui rien de ce qui a été allégué contre elles. Les possessions du nord de l'Afrique n'ont aucun des inconvénients attachés à ces colonies situées à 2,000 lieues, ravagées par la fièvre jaune, travaillées par des esclaves toujours prêts à la révolte, colonies qui menacent de se séparer en temps de paix, qu'on ne peut défendre en cas de guerre, et qu'il faut protéger par des priviléges contraires à l'économie publique.

Grâce au ciel, ces points sont éclaircis; on ne parle pas d'abandon, hâtons-nous de le dire pour constater ce progrès du temps, et suivons la discussion sur le terrain où elle se réfugie.

CHAPITRE II.

DES POINTS ACTUELLEMENT EN DISCUSSION.

L'économie! voilà le mot d'ordre, le point réel de la discussion.

« Dans cet intérêt, il faut, dit-on, réduire le nombre
« des troupes; empêcher à tout prix ces expéditions rui-
« neuses et impolitiques; se borner à occuper militaire-
« ment trois points principaux du littoral, et abandonner
« le reste.

« Par ce moyen, nous sauvons l'honneur de la France,
« nous satisfaisons l'opinion publique et nous assurons les
« intérêts politiques autant qu'il est nécessaire de le faire. »

Ces propositions sont spécieuses : elles ne manqueront pas de partisans. Sont-elles aussi fondées qu'elles le paraissent ?

Suivons les faits et raisonnons.

Certes! c'est chose bonne que l'économie, et nous devons la défendre par conviction et par devoir; mais il y a manière de la faire : économiser la semence, c'est se priver de la récolte.

L'Afrique est à l'égard de la France comme une vaste entreprise agricole ou industrielle à l'égard d'un particulier. Essaye-t-il d'exploiter avec des moyens mesquins, il se ruine; employe-t-il, au contraire, des ressources suffisantes, dirige-t-il ses travaux avec habileté, il s'enrichit, et l'avenir le dédommage des sacrifices du passé.

Il en est de même de notre possession.

En faisant des économies mal entendues, en lésinant

sur les moyens, nous garderons le pays nominalement, nous n'en retirerons aucun fruit, nous supporterons les dépenses, nous ne recueillerons pas les résultats.

Ou l'expérience acquise nous abuse étrangement, ou la véritable compensation aux charges de l'occupation n'est que dans le développement même de l'occupation.

Ceci a besoin d'explications : nous allons les donner. Mais comme nous nous écarterons peut-être, dans cet examen, des idées le plus généralement admises, nous sollicitons un peu d'attention.

Pour procéder logiquement, il faut d'abord chercher pourquoi et comment l'Afrique peut nous être utile. Il sera facile ensuite d'en déduire de quelle nature doit être l'occupation, et quels sont les moyens à employer pour conduire au résultat.

Des décombres entassés par notre longue révolution, s'est élevée puissante, active, laborieuse, intelligente, une génération nouvelle.

La propriété s'est divisée, la terre a triplé de valeur, le travailleur a fait plus de bénéfices; plus riche, il a consommé davantage. La consommation, à son tour, a enfanté le travail; l'industrie a fait des progrès immenses, et, comme il arrive toujours, la production a bientôt atteint et dépassé les bornes de la consommation.

C'est l'état dans lequel nous nous trouvons plus ou moins, suivant que les crises politiques sont plus ou moins favorables..... Que faut-il pour continuer ce mouvement progressif de prospérité, pour que nous n'ayons pas à souffrir de pléthore, comme nous avons eu à souffrir de misère? que nous faut-il? De la consommation.

C'est là ce qui est nécessaire à tous les états riches et industriels qui produisent beaucoup; c'est ce que l'Angleterre, qui nous devance, osons l'avouer, cherche avec tant de sollicitude dans toutes les parties du monde ; c'est ce qu'elle rechercherait en Afrique.

A sa voix, les nombreux émigrants qui, chaque année, abandonnent l'Irlande, la Souabe, la Bavière, le Wurtemberg, la Suisse, la Franche-Comté, etc.; les proscrits de toutes les nations, que, tour à tour, les gouvernements se renvoient, viendraient peupler cette terre, y chercher du travail et l'oubli des misères politiques; ils y formeraient un peuple nouveau, qui un jour prendrait rang parmi les nations, et fournirait un débouché pour son commerce.

C'est ce que viendrait y chercher la Belgique, qui regorge de produits.

C'est ce que viendrait y chercher l'Amérique du Nord, et elle y chercherait de plus une position dans la Méditerranée, en face de Toulon, position qu'elle convoite et que vous ne serez peut-être pas tentés de lui laisser prendre ou de lui donner.

Ce que feraient ces peuples, sachons l'entreprendre et ne donnons pas encore une fois au monde l'exemple de cette légèreté qui, prompte à concevoir, ardente à commencer, s'étonne et s'effraie des premières difficultés.

Ne nous laissons pas éblouir par la prospérité qui commence à renaître : la consommation, ralentie par la dernière crise à travers laquelle nous venons de passer, a pris, avec la certitude de la paix et par la cessation des troubles, un nouveau degré d'activité; mais le travail s'est ranimé aussi sur tous les points, et un peu plus tôt, un peu plus tard, suivant les circonstances, la production excédera la consommation et ramènera, comme en Angleterre, le retour de ces crises presque périodiques qui compromettent son existence.

N'attendons pas que nous en soyons venus au même point. L'Afrique nous est ouverte, que l'Afrique devienne les Indes de la France; préparons à l'avance un marché où l'excédant des produits trouvera un débouché assuré, où nos capitaux, menacés de la réduction de l'intérêt, trouveront au minimun un emploi à 10 p. 0/0 : nous le tenons dans nos mains; c'est à nous de savoir l'exploiter.

A ces considérations, il s'en joint d'autres qui sont analogues, mais puisées dans un ordre de choses différent.

Cette surabondance qui se fait remarquer dans les produits matériels existe, à un plus haut degré peut-être, dans les intelligences. Nos révolutions ont développé les esprits à un point extraordinaire. Effet ou cause, le fait est positif. L'instruction s'est répandue et devient un des premiers besoins de la société. Chacun appelé à goûter l'arbre de la science s'est élancé hors de sa sphère, plein d'une activité brûlante, et demandant à prendre aussi sa part dans les travaux, les soins, les avantages réservés autrefois aux classes privilégiées.

Ce mouvement général est salutaire, et, par la concurrence, il amène à la surface des talents qui seraient enfouis et perdus pour la société. Mais, comme tout ce qui tient à l'humanité, il a aussi ses inconvénients; et la somme des intelligences dépassant la masse des affaires dans lesquelles elles peuvent utilement s'employer, il y a pour ainsi dire en circulation surabondance d'activité, de savoir, de connaissances sans occupation, qui se fatiguent elles-mêmes en cherchant un aliment, et qui tourmentent le corps social d'un mal difficile à guérir.

Ce que les marchés de l'Afrique sont à nos industries, ce monde presque inconnu le sera pour les esprits.

Des spéculations nouvelles à tenter, une partie du globe à étudier, l'Atlas à explorer, le désert à franchir, des peuplades à découvrir, un grand secret à dévoiler sur l'intérieur de l'Afrique, des ruines, ensevelies sous la poussière des Romains, des Vandales et des Turcs, à faire sortir de la tombe, l'antiquité à saisir toute vivante dans des mœurs qui se sont conservées depuis deux mille ans : quel champ à parcourir ! quelle carrière ouverte à l'activité française ! Ce n'est pas une chimère ; n'avons-nous pas vu déjà des hommes célèbres, des peintres, des poëtes, des littérateurs, accourir de France, d'Angleterre, d'Allemagne, et chercher sur cette vieille terre si poétique de nouvelles inspirations ? N'avons-nous pas vu des proscrits demander à cette terre, autrefois si redoutée par les chrétiens, un sol à déchirer avec la charrue, du travail, une patrie et l'oubli des discordes civiles ?

Peut-être serait-il plus sage, avant d'aller chercher à fertiliser la Barbarie, de rendre productives nos landes des Pyrénées, nos sables de Bayonne, une grande partie du Rouergue, du Charollais, de la Sologne, de la Champagne, de la Bretagne et la Corse elle-même ; mais il est peu dans le caractère de l'homme de songer à ce qu'il a sous la main, à ce qu'il a négligé longtemps, tandis qu'une activité incessante, une curiosité inquiète le portent à s'élancer dans les routes nouvelles et dans les spéculations aventureuses.

Les sociétés d'ailleurs ressemblent à un échiquier sur lequel on aurait jeté pêle-mêle les pièces du jeu. Rangées et classées avec soin, toutes trouveraient leur place, leur emploi et un espace libre pour agir ; mais, entassées au hasard, elles couvrent toute la surface et disparaissent les unes sous les autres, sans pouvoir être utilisées.

Il en est de même dans les sociétés les mieux réglées ; elles contiennent toujours, surtout dans les temps de crise et de fermentation, un certain nombre d'esprits qui ne peuvent être classés convenablement : c'est pour eux qu'il faut ouvrir l'Afrique. Rapelez-vous les moyens d'ordre que Paris a trouvés dans ce pays en 1830 et 1831.

Ainsi, ouvrir les sources fécondes de l'agriculture et du commerce, appeler à leur exploitation une population nouvelle et les indigènes, demander à l'Afrique les denrées qu'elle peut donner et que la France ne produit pas, faire vendre par la France les produits dont elle surabonde, développer ainsi le travail et la circulation des richesses, enrichir ces deux mondes l'un par l'autre, rendre une patrie aux proscrits, de l'occupation aux malheureux et à cette exubérance de population inquiète qui vous tourmente; fournir un emploi aux capitaux et un aliment aux esprits encore agités du bruit de nos révolutions, répandre le commerce par la civilisation et la civilisation par le commerce..... Voilà à la fois et notre tâche et le fruit de nos sacrifices.

Cette œuvre est grande, elle est belle, elle exige un concours de mesures bien étudiées; elle peut faire la gloire d'un règne! La restauration n'aura conquis qu'une terre, la révolution de 1830 peut doter la France et l'Europe d'un nouveau royaume civilisé.

Cette œuvre, comment l'accomplirez-vous si vous n'avez pas confiance dans l'avenir et sécurité dans le présent, si vous n'avez ni espace à cultiver ni relations avec les Arabes ?

La confiance dépend de vous seuls; c'est à vous de nous la donner par une résolution qui fixe enfin l'avenir: les autres résultats nous ne pouvons les obtenir si nous ne sommes pas les maîtres, si nos vues ne sont pas bien arrêtées, si notre Gouvernement n'est pas fort, si notre action ne se fait pas sentir partout de manière à imprimer le respect et l'obéissance.

De là, la nécessité de développer notre puissance, avec mesure sans doute, mais progressivement, aux moindres frais possibles, mais avec tout ce que les circonstances rendent nécessaire.

Par ce développement progressif, votre puissance s'asseoit positive, durable, efficace; d'une part, la confiance s'établit, de l'autre les résistances cessent : les hommes influents se rattachent à vous, qui pouvez leur assurer des avantages et un appui sur lesquels ils n'osaient pas compter avant; votre action s'étend par la leur; vous avez des auxiliaires de plus, des ennemis de moins, et vos forces sont doublées.

Avec la confiance dans l'avenir, les bras et les capitaux vous arrivent, la population augmente, la terre se cultive, le commerce intérieur et extérieur s'étend, les relations avec les Arabes se multiplient, et vous trouvez à la fois parmi eux des producteurs, des consommateurs et même des soldats; la production se développe et le pays peut vous fournir, en temps de guerre étrangère, des approvisionnements; en temps de paix, des cargaisons de retour pour vos navires.

A mesure que la population s'accroît, que vos relations avec les indigènes se multiplient, vos troupes deviennent moins nécessaires, vos dépenses diminuent et les impôts augmentent, pendant que vous avez multiplié, dans l'intérêt de la métropole, le travail, le commerce d'échange, les transports par la navigation et la circulation des richesses, qui est elle-même une source de prospérité.

Ainsi, plus vos efforts ont été grands et bien combinés, plus vous marchez rapidement vers les compensations.

Voilà les avantages à attendre, voilà les compensations à rechercher, voilà comment vous allégerez vos charges, comment vous aurez rendu au monde civilisé, dans l'intérêt général, une contrée autrefois riche et puissante, naguère barbare et stérile, qui périssait lentement quand la France a paru.

Et veuillez le remarquer, ces espérances que nous vous présentons, ce système qui se développe, ce n'est pas le rêve d'une imagination ardente, ce n'est pas une théorie plus ou moins ingénieuse; c'est (et nous espérons vous le démontrer), c'est un fait déjà réalisé, autant qu'il a été possible, non par la direction donnée aux affaires, mais par l'impulsion virtuelle des choses; c'est un système que des hommes ont pu deviner, qu'ils ont pu appliquer plus ou moins, mais qu'ils n'ont pas dicté, qui s'est écrit de lui-même à travers les obstacles, malgré les obstacles, parce que les événements et les faits le portaient forcément avec eux.

C'est la conséquence de cet immense et perpétuel mouvement qui pousse incessamment les hommes du nord sur ceux du midi.... Sans notre révolution et l'expédition d'Égypte, l'Europe faisait quarante ans plus tôt invasion sur l'Afrique.

CHAPITRE III.

DE L'OCCUPATION PUREMENT MILITAIRE.

Le but ainsi établi, il faudrait rechercher les moyens d'y arriver.

Ils consistent, suivant nous, dans l'action simultanée de la force et des négociations politiques.

Mais, avant d'en développer les motifs, il importe de répondre aux partisans de l'occupation purement militaire de quelques points de la côte.

Ce mode nous paraît impolitique et funeste dans ses résultats ; nous dirons plus, il n'aurait même pas l'avantage de l'économie au nom de laquelle on défend cette opinion.

Par l'occupation purement militaire, nous nous affaiblissons moralement et physiquement, nous perdons tous les avantages matériels, nous donnons à la résistance une nouvelle énergie, nous nous privons de moyens d'action, nos dépenses augmentent et les produits sont annulés.

En effet, la résistance était divisée, tant par la diffusion de nos forces que par nos alliances : nous la concentrons autour de trois points, en se concentrant elle s'exalte. Vous étiez en sûreté dans les villes avec quelques gardes nationaux, pendant que vos troupes, stationnées dans des postes avancés, vous assuraient le pays et donnaient aux relations commerciales le temps de s'établir, à l'agriculture le temps de peupler la plaine de travailleurs et de produire ; il faudra ramener vos troupes dans les villes, perdre votre influence au dehors, et avec elle l'agriculture, le commerce et la population civile, qui serait devenue un jour une véritable force.

Sans doute vous serez en sûreté sur les points où vous resterez; mais l'effet moral produit par l'abandon des autres points s'étendra rapidement parmi les Arabes; ils prendront pour l'effet de la peur et de l'impuissance ce qui ne sera que le résultat d'un calcul d'économie, qui ne peut se concilier dans leur esprit avec l'idée de la force et de la grandeur, auxquelles seules ils se soumettent. L'abandon partiel sera considéré comme un présage de l'abandon total; indigène ou Européen, il n'y aura qu'une opinion à cet égard; la confiance sera détruite, vos établissements seront perdus; vos adhérents vous abandonneront et se tourneront contre vous; enorgueillis de ce qu'ils regarderont comme un succès, les Arabes deviendront plus intraitables et plus audacieux.

En Afrique, il faut y regarder à plusieurs fois avant de s'avancer : jamais il ne faut reculer.

La culture interrompue, le commerce mort, la population des villes fuyant en Europe, en Asie ou dans l'intérieur, votre présence n'apportera plus aux indigènes aucun des avantages qui résultaient pour eux de leur admission à certaine partie de l'autorité, de la vente de leurs denrées, du commerce qu'ils faisaient avec vous, de la main-d'œuvre qu'ils vous prêtaient; cette présence restera purement odieuse et la guerre deviendra perpétuelle, car elle restera le seul intérêt de ces peuples, et elle sera alimentée par l'espoir d'une retraite plus complète et définitive. Alors, ou vous resterez honteusement renfermés dans vos murs, ou vous serez contraints de combattre au dehors et de vous étendre malgré vous avec des moyens insuffisants. Cependant, l'intérieur du pays sera livré à l'anarchie et maudira une nation qui n'aura su ni l'affranchir ni le gouverner.

Contre l'étranger, vos précautions devront être plus étendues et plus dispendieuses encore.

Avec l'occupation, telle que nous la concevons, vous ne devez songer qu'à empêcher un débarquement : or, les points où il peut se faire sont rares ; il suffit pour s'y opposer de quelques ouvrages en terre et d'une armée mobile composée d'indigènes et de Français.

Avec l'occupation militaire, vous ne pouvez empêcher le débarquement à une distance tant soit peu éloignée de vos postes ; vous avez pour ennemis les Arabes qui, dans l'autre système, sont vos auxiliaires : vous êtes réduits à vos propres forces lorsque des alliés vous seraient plus nécessaires ; c'est dans les villes mêmes qu'il faudra vous défendre. Alors il faut élever, dans les règles de l'art, des fortifications immenses et ruineuses. A Oran et à Mers-el-Kebir, il faut relever les prodigieux travaux des Espagnols qui, eux aussi, ont voulu garder militairement ; à Bône, il faut construire une forteresse tout entière ; à Alger, il faut couronner par des ouvrages les hauteurs qui dominent la ville et remplacer sa chemise de plâtre par un système de fortifications européennes. Partout il faut hérisser les murs de canons, augmenter le matériel du génie et de l'artillerie, et construire d'immenses magasins pour conserver, en cas d'un simple blocus, les approvisionnements de toute espèce destinés à l'armée et à la population urbaine, qui ne tirera plus rien de l'intérieur du pays.

Calculez ces dépenses et jugez où est l'économie.

Dans toute entreprise importante, la véritable économie consiste à faire de prime abord, avec ordre et mesure, toutes les dépenses qui sont nécessaires pour arriver au résultat.

Si la politique, l'opinion, les intérêts commerciaux, l'honneur national réclament la conservation, si la France la veut, elle doit vouloir aussi les sacrifices à l'aide desquels elle en retirera promptement quelque avantage. Admettre que, semblable à un enfant, elle veut posséder sans songer aux sacrifices qu'il en coûte pour acquérir, c'est douter d'elle-même et calomnier son jugement.

Si elle ne veut pas, si voulant elle ne peut pas, qu'elle convienne de sa faiblesse, qu'elle abandonne franchement et promptement : la conservation purement militaire, c'est l'abandon déguisé, c'est un sacrifice onéreux à une opinion que l'on tromperait, ce sont toutes les charges sans compensation.

Répétons-le : peupler, ouvrir l'Afrique aux étrangers, aux hommes inquiets dont la France surabonde, fournir un aliment à l'esprit actif de notre population, faire consommer les produits français, multiplier ainsi le travail et la circulation des richesses dans le midi de la France, occuper notre marine, cultiver la terre, exporter les produits du pays que la France achète à l'étranger : telles sont les compensations que nous devons chercher, que nous pouvons atteindre, qui se sont déjà réalisées en partie, malgré l'empire des circonstances les plus défavorables.

Mais vous ne pouvez les obtenir complétement qu'en faisant immédiatement les sacrifices nécessaires, en étendant progressivement votre action directe ou indirecte, en appelant à vous les hommes influents, en paralysant les résistances.

Cela posé, est-il sage, est-il prudent, est-il véritablement économique de restreindre le nombre des troupes? Est-il rationnel que, sans connaître ni les hommes, ni le pays, ni les dépenses réelles, bien plus faibles qu'on ne le pense (1), on critique de Paris les opérations militaires?

(1) L'expédition de Mascara et de Tlemsen, dont les dépenses avaient été évaluées à plusieurs millions, n'a pas coûté plus de 120,000 francs. Les troupes ont économisé quinze jours de vivres par les subsistances qu'elles ont trouvées dans le pays.

Ne blâmait-on pas autrefois, sous l'ancienne monarchie, les ministres de la guerre qui, de leurs cabinets, prétendaient dicter le jour et le lieu où se livreraient les batailles? Ce qui était mal autrefois n'est-il plus mal aujourd'hui? Ce qu'on trouvait insensé chez un ministre serait-il plus raisonnable quand ce sera une assemblée qui l'ordonnera? Encore, dans les temps dont nous parlons, le ministre savait la guerre; elle se faisait dans un pays connu, on avait des données sur la position et la force des armées; mais ici rien n'est connu; et sur des données vagues, sur des aperçus plus ou moins exacts, dans un temps où tout le monde écrit, juge, discute, on dira à un gouverneur : Civilisez le pays, peuplez-le, faites respecter le nom français, développez l'agriculture et le commerce, soyez puissant et juste, donnez de brillants résultats; mais vous n'aurez que peu d'argent, peu d'hommes, et vous ne sortirez pas de vos lignes?

Ce n'est pas ainsi que l'on peut arriver à quelque chose de grand: nous croyons qu'il faut étudier les faits, reconnaître les nécessités, apprécier les moyens et se résigner à les employer.

CHAPITRE IV.

DES MOYENS D'EXÉCUTION.

Pour quiconque a vu les peuples orientaux, il est un principe qui domine tous les autres.

C'est la nécessité d'être fort.

Et en définitive, ce principe n'est-il pas vrai partout? en France comme en Afrique, dans un gouvernement despotique comme dans un état constitutionnel? Quel était le danger du Gouvernement après 1830? n'était-ce pas sa faiblesse? Quelle a été la politique du 13 mars et du 11 octobre? Quel a été le but des lois sur les associations et sur la presse? Quelle est la pensée du cabinet actuel? n'est-ce pas de donner ou de maintenir la force au Gouvernement? Avouons-le : la force est la première condition de tout pouvoir; ici, force intelligente et morale, ailleurs, force aveugle et matérielle : sa nature, sa manifestation, son action varient suivant les lieux, les circonstances; mais elle doit être, si l'on veut exister.

Ce qui est vrai partout ne le serait-il pas en Afrique, où la volonté du maître faisait toute la loi, où sur un mot, sur un signe, sa pensée était exécutée (1)? La réponse ne saurait être douteuse. Si notre expérience ne vous suffit pas, écoutez les indigènes eux-mêmes : voici

---

(1) Des Mozabites nous disaient, il y a quelques jours : « On nous a « pris tel terrain qui nous appartient; si c'est toi qui l'as ordonné, c'est « bien, *car tu es le maître*; si ce n'est pas toi, c'est mal : fais-nous le « rendre. »

un passage d'une lettre que nous écrivait un Arabe de la tribu des Douaiers, dans la province d'Oran.

Après avoir rappelé ce qu'étaient les Turcs, leurs cruautés, leurs exactions, il ajoutait :

« Vous, au contraire, vous êtes généralement bien-
« veillants, humains, familiers, justes; vous ne prenez
« que peu d'impôts, et cependant nos compatriotes vous
« apprécient moins que les Turcs; pourquoi? C'est en
« raison même de vos qualités, que le commun d'entre nous
« ne comprend pas : votre irrésolution, vos changements,
« votre patience, vous ont fait regarder comme des femmes.
« Vous ne montrez ni votre générosité en donnant à vos
« amis, ni votre force et votre puissance en vous vengeant
« de vos ennemis; votre simplicité paraît de la petitesse :
« vous n'êtes pas grands et forts à nos yeux. L'Arabe est
» comme un cheval de guerre; il renverse un mauvais
« cavalier, il est soumis à la main vigoureuse qui le dompte
« et le châtie. »

Un autre Arabe écrivait :

« Nous n'avons pas de l'esprit comme les Français; il
« faut agir sur nous dans le moment qui est favorable, et
« autant par la puissance de la force que par l'habileté.
« L'habileté et la force, c'est le gouvernement. »

Voilà ce que des barbares nous disaient, et cent autres l'ont répété avec eux.

Restons forts, restons armés pour commander la paix, pour commander l'ordre, pour pouvoir être justes. Nous ne voulons pas dire par là que nous devions couper des têtes, mettre tout à feu et à sang, et régner à la turque; nous ne disons même pas qu'il soit nécessaire d'augmenter le nombre des troupes françaises dans une grande proportion.

Nous avons besoin, pour nous faire comprendre, de spécifier le caractère de la force telle que nous la comprenons en Afrique.

Elle consiste, suivant nous :

1° Dans la persévérance;

2° Dans l'organisation, plus encore que dans le nombre des corps armés;

3° Dans le choix des hommes;

4° Dans l'emploi judicieux des moyens pécuniaires pour nous attacher les indigènes.

DE LA PERSÉVÉRANCE.

Nos irrésolutions, nos variations, nos méticuleuses précautions, l'abandon de nos conquêtes aussitôt qu'elles sont faites, étonnent les indigènes et leur inspirent un sentiment qui nous est peu favorable. Prompts à plier devant une volonté arrêtée et soutenue, ils résistent devant l'incertitude, qu'ils ne comprennent pas et qu'ils méprisent. Nos changements perpétuels d'hommes et de systèmes ne leur apparaissent que comme un signe de faiblesse et le présage d'un abandon : cet espoir réveillé entretient les luttes. « *Quand cesseras-tu de déclamer contre les Français ?* » disait-on il y a peu de jours à un Maure: «*Quand vous serez certains de rester,* » répondit-il.

Cette certitude aplanirait à elle seule bien des difficultés.

DE L'ORGANISATION ET DU NOMBRE DES CORPS ARMÉS.

Il ne peut entrer dans nos vues de discuter sur l'organisation des troupes ni sur leur nombre; ce point est trop étranger à nos études : nous nous bornons à émettre quelques réflexions que tout le monde peut faire, à présenter celles que nous avons recueillies.

Avant de soumettre les peuples, il faut étudier leur génie dans la paix et dans la guerre; nous parlons, nous écrivons beaucoup, nous étudions peu.

Trop disposés, en général, à faire peu de cas de ce qui est ennemi, nous méprisons surtout ce qui constitue la force militaire des Arabes. C'est une faute de notre jugement et de notre amour-propre qui ne peut que nous égarer.

Si le sentiment de la supériorité physique et morale peut exalter les courages, le mépris des institutions étrangères n'est bon qu'à prolonger l'ignorance des faits que nous avons besoin de connaître.

Nous avons donné un aperçu, bien sommaire, du caractère des Arabes; entrons dans quelques détails sur leur manière de faire la guerre.

Nous empruntons ces documents au colonel Marey qui a rendu en Afrique des services signalés.

« La puissance des Arabes est nulle comparativement à
« la nôtre, et cependant la nôtre est presque sans action
« contre eux. Leur climat, la nature de leur territoire,
« leur peu de besoins, l'habitude de supporter la fatigue,
« leur manière de faire la guerre, leurs attaques conti-
« nuelles en tirailleurs isolés sur nos colonnes profondes et
« embarrassées dans leurs marches par leurs vêtements et
« leurs bagages, paralysent nos moyens, rendent presque
« inutile notre habileté, nos manœuvres, notre bravoure
« même, et, forts de leur faiblesse, de leur tactique à la-
« quelle nous opposons une tactique que l'on peut dire
« impropre, ils nous échappent sans cesse.

« Lors de la conquête, ils combattirent en masse; ils
« furent battus; depuis ils ont repris leurs habitudes de

« Numides; nous n'avons pas changé la nôtre, et souvent
« nos efforts sont restés sans résultats.

« Si nous sommes supérieurs aux Arabes par l'ordre, la
« discipline, la science militaire, les fortifications, l'artille-
« rie, ils nous sont supérieurs par la qualité des hommes,
« qui sont durs, infatigables, sobres, d'une santé robuste,
« agiles, très-bons cavaliers, tirant bien, tirant à propos,
« et habitués dès l'enfance à faire la guerre de tirailleurs.

« Nos hommes, habitués à combattre en masse, valent
« beaucoup moins quand ils sont isolés.

« L'infanterie, armée, équipée, habillée d'une manière
« impropre au climat, se meut difficilement; surchargée
« de bagages, elle succombe souvent sans combattre, sous
« le poids de la chaleur, tandis qu'elle est mal défendue
« contre la fraîcheur des nuits; nullement exercée à ce
« genre de combats, elle tire à tout propos, gaspille beau-
« coup de poudre et fait peu de mal à l'ennemi.

« La cavalerie de ligne, trop peu nombreuse d'ailleurs
« dans un pays où l'on n'a guère que de la cavalerie à
« combattre, présente les mêmes inconvénients. »

Sans doute ces obstacles n'arrêtent pas le génie, les
marches sur Mascara et sur Tlemsen en font foi; mais
vous n'aurez pas toujours à la tête de l'armée un maréchal
Clauzel.

Les Turcs, disent encore les Arabes, *nous mainte-
naient avec un petit nombre d'hommes; les Français
ont peine à le faire; donc les Français sont inférieurs
aux Turcs.* Et qu'on ne s'y méprenne pas, ce n'est pas
la religion qui les entourait de ce prestige : Turc, Maure,
Arabe, Kabayle, toutes ces castes se méprisent et se dé-
testent mutuellement. Une seule passion les guide, l'intérêt; une seule chose les domine, la force; et non-seulement nous n'avons pas su employer nos ressources pour
être forts, mais nous avons eu peur de l'être.

Nous ne pouvons prendre au pied de la lettre le mot cité plus haut, et nous trouverions à y répondre; mais n'est-il pas vrai que les Turcs nous seraient d'utiles auxiliaires? n'est-il pas beaucoup d'officiers qui pensent que nous entendons peu ce genre de guerre, que nous sommes peu propres à la faire?

Les zouaves, commandés par l'habile et intrépide Lamoricière; les spahis de formation nouvelle, sous le commandement du lieutenant-colonel Marey, ont rendu, à nombre égal, plus de services que les régiments de ligne, parce qu'ils sont plus façonnés au pays et à ce genre de combat.

Si notre mémoire ne nous trompe pas, nous avons lu quelque part que le costume, l'armement, l'hygiène, la tactique devaient se modifier avec le climat, la configuration du sol et le genre d'ennemis que l'on doit combattre.

Nos soldats font un séjour trop court en Afrique: ils sont braves, ils font bien les évolutions de ligne, ils ont d'habiles officiers; mais ils n'ont pas le temps d'apprendre à agir isolément, à tirer parti du terrain, à se glisser partout où ils peuvent prendre une position favorable, à tendre des embuscades, à tirer juste et à propos.

« La guerre de la Vendée ne fut terminée par Hoche « qu'en divisant la légion du Nord en autant de corps de « partisans qu'il restait de chefs de bande aux Vendéens « et aux chouans. Dans la campagne de 1796, Moreau « avait divisé son armée en trois corps ayant chacun leur « avant-garde de troupes légères; ces troupes, continuelle- « ment aux prises avec l'ennemi, portèrent l'audace, l'acti- « vité et la légèreté au plus haut point.

« En Espagne, la légion allobroge, composée des mon- « tagnards de la Savoie, combattit avec succès les mique- « lets espagnols. Dans cette guerre des Pyrénées où il ne se

« fit pas de grandes manœuvres, mais où chaque jour était
« un combat, l'art des chefs était de soutenir par des ré-
« serves leurs tirailleurs lancés contre des ennemis placés
« sur des hauteurs inaccessibles. »

(Mémoires du général Duhesme.)

En Égypte, la légion de dromadaires poursuivait jusque
dans le désert les partis errants et vagabonds des Bédouins
et des Arabes.

De ces faits ne pourrait-on pas conclure :

Que notre organisation militaire doit être appropriée au
climat et au genre de guerre que nous avons à faire ;

Que notre action sur les indigènes doit, pour être plus
efficace, s'exercer par l'intermédiaire des Turcs ou des
Arabes eux-mêmes ;

Qu'il faudrait :

L'augmentation des corps spéciaux à l'Afrique, des colonnes mobiles recrutées de montagnards français ou indigènes, habitués à combattre corps à corps, à profiter de
tous les accidents du terrain, à dresser des embuscades, à
tomber à l'improviste sur l'ennemi, à tirer juste.... Des
zouaves, enfin ;

Une cavalerie plus nombreuse, rapide, combattant à
pied et à cheval, maniant bien le fusil, sachant mieux
combattre corps à corps que faire des évolutions de ligne ;

Une artillerie très-mobile et très-légère ; le génie tel
qu'il est ;

Des condamnés militaires autant qu'il peut y en avoir :
ce sont des bras ; nous en avons besoin et ces hommes s'a-
méliorent en travaillant sous une discipline sévère ;

Des indigènes aussi nombreux que possible ; servissent-
ils mal, ils ne servent pas contre nous ;

Des vêtements simples, amples, des coiffures et des

chemises de laine, des gibernes à la ceinture; pas de col, pas de ligatures qui gênent les mouvements.

Des officiers comprenant cette guerre et la faisant avec goût.

Quant au nombre des troupes, il semble qu'il doive être réglé de manière que, les postes suffisamment défendus, le gouverneur ait toujours à sa disposition une colonne mobile de six mille hommes environ, troupe aguerrie au climat et à ce genre de guerre.

On se récrie beaucoup sur les dépenses qu'entraînent les troupes en Afrique; cette question a-t-elle été bien examinée sous toutes ses faces?

Il ne peut être question ici que de quelques mille hommes de plus ou de moins.

Nous avons vu que notre pouvoir devait s'appuyer sur la force pour être efficace et conduire promptement au résultat.

En partant de ce principe, si on apprécie l'influence que nous donnera la présence d'une armée suffisante pour tous les cas qui peuvent se présenter, tout ce qu'elle paralysera d'intrigues et de résistance, tout ce qu'elle évitera d'expéditions onéreuses (si le général Trézel avait eu 5 à 6,000 hommes, on n'aurait pas eu à venger la journée de la Macta); si l'on ajoute, d'une part, la plus-value qui résulte du concours des troupes aux travaux des routes, des desséchements, des constructions et de l'agriculture; de l'autre, l'efficacité de l'espèce de prime que donne au cultivateur, au négociant, à l'armateur, la consommation de ces mêmes troupes, peut-être trouverait-on que l'excédant de dépense qui résulte du séjour en Afrique plutôt qu'en France de ces quelques mille hommes est largement compensé par leur travail matériel et par les progrès généraux qu'ils font faire à la colonie.

Il y a quelque chose de plus : on forme en France,

chaque année, et à grands frais, des camps d'instruction: c'est une chose utile; mais quel camp d'instruction peut valoir l'Afrique pour former une armée? Comparez les régiments qui retournent en France, après deux ou trois années de séjour, avec ceux qui en arrivent, et jugez la différence. Depuis six ans, vous avez ainsi formé aux fatigues, aux bivouacs, aux évolutions devant l'ennemi, aux privations, près de 50,000 hommes qui vous seraient d'une haute utilité si vous aviez à entrer immédiatement en campagne contre une puissance européenne. Est-ce là un faible avantage? une dépense sans compensation?

DU CHOIX DES HOMMES.

La force repose essentiellement dans les hommes; mais la force physique est peu de chose sans l'intelligence qui la guide et en fait une puissance. Les institutions sont beaucoup, les hommes sont plus encore, et les hommes sont rares; il faut tout faire pour les découvrir, pour les captiver, et les mettre en position d'agir : ce fut un des grands secrets de Napoléon.

Dans un pays où, soit dans la guerre, soit dans l'administration publique, il ne peut être question d'imiter servilement nos institutions ou de suivre nos théories françaises, il faut essentiellement se livrer à l'étude des faits, des mœurs, des coutumes, et n'appliquer les principes généraux qu'avec les modifications qu'ils comportent. Des hommes, même habiles, peuvent convenir peu à l'Afrique : la guerre ne s'y fait pas comme ailleurs; l'administration y est compliquée de difficultés spéciales; il faut une aptitude particulière pour discerner les différences et agir d'une manière rationnelle.

Dès qu'un homme se distingue par cette aptitude locale, il faut le soutenir, l'appuyer, le pousser en avant. Tel est débarqué lieutenant qui doit être, avec raison, porté en peu d'années aux grades supérieurs. Que les médiocrités se récrient, qu'importe? C'est un résultat qu'il faut atteindre, et ce résultat ce sont les hommes qui y mènent.

On ne tient pas assez compte des services rendus en Afrique.

La vie militaire y est dure, pénible, laborieuse : c'est la guerre avec ses dangers, ses fatigues, ses privations, sans la variété des scènes et les compensations de la gloire.

C'est la paix sans les douceurs de la société et les distractions des villes.

L'administrateur est écrasé de détails; quoi qu'il fasse, il ne peut suffire à tout là où tout est à faire ; il a peu de moyens d'action : les difficultés qui se renouvellent chaque jour sont peu comprises en France, et, quelque pur qu'il soit, il voit trop souvent sa vie souillée dans la fange de la calomnie dans un pays où l'on croit à peine à la probité. Idée désolante, qui lasse les caractères les plus énergiques, et dont l'estime des honnêtes gens peut seule adoucir l'amertume !

DE L'EMPLOI JUDICIEUX DES MOYENS PÉCUNIAIRES.

Jusqu'à ces derniers temps, renfermés dans nos lignes, où nous bornant à faire, de loin en loin, quelques rapides excursions presque sans résultat, nous avons laissé le reste du pays dans l'anarchie : tout le monde en a souffert et nous avons été regardés par les Arabes comme impuissants à gouverner; par conséquent nous avons été mé-

prisés. On a vu dans le temps la lettre éloquemment barbare et trop fondée par laquelle les gens de Médéah se
plaignaient de ce qu'après avoir renversé l'ancien gouvernement nous n'avions laissé à la place qu'une funeste
anarchie.

Dans tous les états, policés ou non, il existe une sorte
de hiérarchie; là surtout où il n'y a point d'industrie, où la
propriété privée ne porte guère sur le sol, où la force
donne seule des droits, les grands vivent en grande partie
du pouvoir qu'ils exercent sur les petits; les petits de la
protection que leur accordent les grands. Depuis le Dey
jusqu'au dernier dépositaire d'une partie quelconque du
pouvoir, c'est ainsi que les choses se passaient.

En renversant le dernier gouvernement, nous n'avons,
comme le disaient les habitants de Médéah, rien laissé à
sa place; les anciens rapports brisés, nous n'avons renoué
aucune chaîne; chacun a perdu sa position : celui-ci le pouvoir dont il vivait, celui-là la protection qui le laissait
vivre.

Au premier moment chacun s'est cru affranchi; et les
Arabes, comme tant d'autres peuples, se sont imaginé
qu'ils n'avaient plus à souffrir, parce qu'ils se sentaient
plus libres; mais, comme tant d'autres aussi, ils n'ont pas
tardé à reconnaître que les liens brisés avaient leur utilité;
ils les réclament aujourd'hui. Nous ne serons rien pour
eux tant que nous n'aurons pas reconstitué un ordre
quelconque; et nous ne le pouvons qu'en rétablissant des
chefs pris dans le pays; mais il faut que ces chefs soient à
nous, et pour cela il faut qu'ils obtiennent par nous les
anciens avantages et une protection assurée; il faut qu'ils
aient, en un mot, tout à craindre et tout à espérer de
nous.

M. le maréchal Claüzel l'a parfaitement compris, et ses
efforts tendent visiblement vers ce but; mais pour y at-

teindre il faudrait disposer de fonds que l'on dispense avec une parcimonie désastreuse. La commission d'enquête, convaincue de l'efficacité de ce moyen d'action, avait demandé qu'un million fût affecté à cet usage; M. Laurence, qui connaît bien l'Afrique, et dont la vue portait au loin dans l'avenir, fixait cette somme à cinq cent mille francs; la Chambre en a alloué soixante mille ! Des présents faits à propos, des gratifications ou des traitements dispensés dans une juste mesure et avec une religieuse probité aux personnages marquants, des titres, du pouvoir, quelques décorations nous donneraient ces hommes et par eux la population : on épargnerait ainsi des sommes considérables.

Sous le burnous comme sous le frac, l'intérêt privé guide les hommes; ici, comme nous l'avons dit ailleurs, cet intérêt est tout matériel. C'est un puissant levier qui, bien employé, de concert avec la force, peut avoir une grande efficacité.

Notre méticuleuse pruderie blâme cet usage des présents.

En ce qui nous concerne, nous aimons beaucoup cette susceptibilité; mais en la gardant chacun pour nous, reconnaissons les faits si nous voulons nous mêler de gouverner, et, après les avoir reconnus, sachons en tenir compte.

Cet usage des présents est tellement répandu, tellement enraciné dans les mœurs des indigènes, qu'un Arabe envoyé en députation et auquel on n'avait rien donné acheta de ses propres deniers des sabres, des fusils, des ceintures, qu'il présenta comme les cadeaux reçus des autorités françaises; il n'eût pas été écouté à son retour dans sa tribu, et on aurait fait peu de cas de lui s'il n'avait ainsi montré les preuves de la réception distinguée qui lui avait été faite.

Quelque temps après il reçut une magnifique paire de pistolets de M. le duc d'Orléans; sa joie est impossible à décrire : il voulait, disait-il, se faire tuer à la première occasion, et peu s'en est fallu qu'il ne tînt parole.

Nous fournirons plus loin d'autres preuves des résultats efficaces que l'on peut obtenir.

Revenons sur ce que nous avons dit.

Persévérance, organisation spéciale des corps armés, choix des hommes, emploi judicieux des moyens pécuniaires, admission des indigènes au pouvoir; c'est là ce que nous entendons par la force en Afrique. Nous n'ajoutons pas la justice et la droiture, parce que, sans elles, il n'y a jamais rien de véritablement grand.

Ces points nous paraissent importants, aussi les avons-nous présentés avec quelque développement; il nous reste la crainte de nous être mal expliqué.

Nous ne demandons pas une armée pour guerroyer sans cesse, mais au contraire pour éviter qu'on en vienne aux mains dans des engagements sans résultats, pour frapper de grands coups quand ils deviennent nécessaires.

Nous ne demandons pas des fonds disponibles pour les gaspiller sans fruit, mais pour nous attacher des hommes de quelque valeur, exercer par leur intermédiaire notre domination, et rétablir l'ordre, dans l'intérêt du pays comme dans le nôtre.

Ainsi, pour n'avoir pas la guerre, il faut tous les moyens de la faire; comme pour éviter de grandes dépenses militaires, il faut savoir acheter à propos les indigènes et récompenser ceux qui nous servent.

Mais, et nous prions qu'on veuille bien remarquer cette réflexion, de même qu'on ne peut obtenir les résultats matériels qu'en faisant d'abord les sacrifices nécessaires, de même nous ne pouvons obtenir cet ascendant qui impose la paix qu'après avoir constaté notre puissance par des faits et obtenu le respect et l'obéissance.

Cela fait, la présence durable, pendant quelque temps, d'une force suffisante, combinée avec l'action continuelle des négociations, ôtera jusqu'à la pensée des résistances : l'Arabe, convaincu une fois de l'impossibilité de cette résistance, se courbéra devant la fatalité : *Dieu le veut,* dira-t-il ; les intrigues cesseront ; les grands, ralliés à votre pouvoir, donneront de la confiance aux faibles, et l'ordre s'établira par vous et pour vous, remplaçant l'anarchie : le temps, le commerce et l'agriculture feront le reste.

Ces succès ne sont pas aussi longs à obtenir qu'on pourrait le penser ; l'impulsion une fois donnée, l'idée de notre force une fois répandue, les conséquences du système se développeront naturellement.

Nous en fournissons les preuves :

Dans la province d'Oran, notre action était annulée ; un chef habile, grandi par notre secours, ralliait autour de lui, contre nous, toutes les tribus ; suivant précisément la politique contraire à celle que nous indiquons, et qui tend à multiplier autant que possible nos relations directes avec les indigènes, il visait à nous tenir séparés du reste de la population, sur un coin du rivage ; il voulait bien nous reconnaître l'empire de la mer et se proclamait le prince de la terre.

Quelques marches militaires, dont on ne peut apprécier en France toute l'habileté, digne d'un plus grand théâtre, ont suffi pour changer cet état de choses. Abd el Kader, trois fois vaincu par des combinaisons stratégiques admirées par un prince illustre et par l'armée, Abd el Kader est en fuite ; le pays est connu, des routes, ouvertes en marchant par le génie, permettent désormais de le parcourir; des camps retranchés donnent des lieux d'étape et de repos; des hommes puissants se donnent à nous et augmentent notre force en diminuant celle de l'ennemi.

Voyez ensuite comme les résultats se précipitent aussitôt que la terreur imprimée par la prise de Mascara et de Tlemsen se combine avec l'effet moral des avantages assurés à nos partisans!

Le maréchal, rappelé à Alger par les affaires, abandonne Oran à regret; il laisse l'armée à ses lieutenants: le général d'Arlanges veille à l'intérieur; l'habile général Perregaux, l'un des hommes qui connaissent le mieux l'Afrique, est chargé de l'extérieur; le maréchal leur laisse ses instructions; il part tranquille.

Par ses ordres, le général Perregaux, avec 3,000 hommes seulement, parcourt une grande partie de la province; la seule présence et les conseils de Mustapha Ismaïl, vieillard vénérable, d'une capacité supérieure, et tellement respecté qu'un Arabe, quel qu'il soit, n'oserait, devant lui, parler sans son ordre, lui vaut une armée; plus de vingt tribus viennent au-devant de lui, font leur soumission et lui apportent des vivres; une tribu dissidente essaie de résister, il la bat, lui prend 2,500 bœufs, ravitaille Oran, revient, et donne ainsi une nouvelle sanction aux premières leçons.

Ibrahim, notre bey de Mostaganem, homme brave et dévoué, mais d'une capacité médiocre, devient un homme utile et important à la fois; important, parce qu'il a l'appui de la France; utile, parce qu'il devient un intermédiaire entre nous et les indigènes: il part de Mostaganem, accompagné de Mazari, l'ex-lieutenant d'Abd el Kader, que la victoire et de bons traitements nous ont donné; ils ont sous leurs ordres, pour la France, une armée arabe, et font leur jonction avec le général Perregaux. Pendant 18 jours, l'armée reste dehors, approvisionnée par les

Arabes ; toute cette partie de la province est soumise, et si les attaques de Paris n'y appelaient le maréchal, deux corps d'armée, français et indigènes, l'un parti d'Alger, l'autre d'Oran et de Mostaganem, venaient se saluer à Miliana et y installer le bey nommé par la France.

La faible garnison française de Tlemsen vit, sans inquiétude, sur les frontières de l'empire de Maroc. Le chef d'une tribu puissante se charge d'être notre intermédiaire entre Oran et Tlemsen ; l'île de Raschgoun est approvisionnée par les Kabayles, et le petit détachement qui s'y trouve, pour garder cette embouchure de la Tafna, ne craint pas de descendre sur le continent.

Dans la province de Bône, Youssouf arrive nommé par le Gouvernement ; fort de son appui, le jour de son arrivée il enrôle 600 Arabes de la plaine ; le lendemain plusieurs cheiks viennent le reconnaître et baiser la main qu'ils redoutent. Avec cette armée improvisée il tombe sur une tribu puissante qui l'avait repoussé ; il la surprend, la met en déroute, et donne la vie au chef pour prix de sa soumission. Instruit par ses émissaires, qu'il paye bien, il apprend qu'Achmet, bey de Constantine, doit faire une *razia* (une sortie) sur une autre tribu ; il lui en donne avis, il offre son secours : Achmet trouve sous les armes la tribu qu'il croyait surprendre ; il rentre battu dans Constantine, et le chef averti vient reconnaître le nouveau bey qui lui a donné un avis si salutaire.

Ainsi s'ouvre peu à peu le chemin de Constantine avec le seul appui du nom de la France.

Dans la province d'Alger, nos avant-postes, poussés à douze lieues, laissent derrière eux un espace libre où la culture commence à se développer ; il y a quatre ans vingt-cinq mille hommes ne dépassaient pas le fort l'Empereur. Dix tribus, naguère hostiles, marchent aujourd'hui à votre avant-garde; des Arabes, voleurs errants il y a deux ans, travaillent aux desséchements ou à des cultures européennes; les cheiks sont nommés par l'autorité française; une armée peut trouver des logements et des vivres à Bouffarick, où, le premier, le vénérable comte d'Erlon a placé un camp. Les routes commencées par le brave et généreux général Voirol, dont la colonie a conservé un souvenir reconnaissant, s'achèvent en tous sens dans la plaine; et, dans sa sollicitude, le général Rapatel, pour se reposer de son infatigable intrépidité, les fait planter d'arbres; d'autres plantations entourent les casernes et les camps.

Ces jours derniers, à la voix du maréchal qui donne confiance aux soldats, le Ténia est franchi avec intrépidité sous le feu de l'ennemi.

Pendant que les zouaves et le 2ᵉ léger le renversent des hauteurs inaccessibles où il était embusqué, le génie, sous les ordres du colonel Lemercier, qu'on trouve partout où il y a un danger à courir, des services à rendre, trace et ouvre une route sur la cime du petit Atlas.

Cette dernière espérance du Kabayle est détruite; *il n'y a plus de montagne pour eux*, s'écrie-t-il en fuyant. Là où un homme seul avait peine à se tenir, toute l'armée, cavalerie, artillerie, bagages, peut désormais passer; désormais Médéah est rattaché à Alger; de Bouffarick on peut s'y porter en vingt-quatre heures; désormais 1831 est effacé! Vous pouvez abandonner l'Afrique; votre nom est inscrit en caractères ineffaçables sur les rocs de l'Atlas : la postérité y lira ce que vous avait fait.... ce que vous n'aurez pas voulu achever; ce que les Romains auraient pu entreprendre, mais ce qu'ils auraient terminé après l'avoir entrepris. -

Et vous croyez que ces résultats ne sont pas immenses; qu'ils ne porteront pas leurs fruits dans l'avenir; qu'il faut économiser les dépenses qu'occasionnent ces marches militaires ! Vous croyez qu'on ferait mieux en restant enfermés dans les murs ! Vous croyez que des peuples qui ont été jetés si facilement les uns sur les autres, qui, pour 80 centimes par jour, font la guerre pour vous, au lieu de la faire contre vous, qui sollicitent ardemment la croix d'honneur (*la lumière de la gloire, comme ils l'appellent*), parmi lesquels on se fait un ami en donnant un sabre doré ou un burnous rouge, qui n'ont jamais pensé à couper une route nouvelle, à renverser une redoute abandonnée, vous croyez que ces peuples ne peuvent être soumis !...

Les Romains, dit-on, n'ont pas réussi : les Romains n'avaient pas fait en cinq ans ce que nous avons fait; ils n'avaient pas les armes du génie et de l'artillerie pour la guerre, le commerce pour la paix!

Après cet exposé vif mais fidèle des faits, aurez-vous le courage de diminuer vos troupes au-dessous du chiffre déjà réduit que vous aviez fixé l'année dernière ; d'interdire ces opérations qui affermissent votre domination et conduisent au résultat que vous appelez de vos vœux ; de refuser les fonds destinés à appuyer les négociations ? Pour une faible économie, inaperçue dans l'ensemble, perdez le fruit des dépenses passées, compromettez l'avenir vers lequel nous sommes en marche; exposez-vous à un nouveau revers de la Macta, afin qu'une expédition nouvelle de 12,000 hommes vous devienne nécessaire ; abandonnez sans appui ceux qui se sont rangés sous votre bannière; vouez au mépris des Arabes le nom de la France, qui n'aura su montrer un jour d'énergie que pour retomber dans sa faiblesse, qui aura su conquérir sans savoir conserver, et soulever les peuples sans les protéger ensuite.

Vous êtes les maîtres : décidez. Mais auparavant lisez encore une lettre d'un Arabe.

« Nous nous sommes donnés aux Français, nous nous

« confions à eux ; qu'ils aient confiance en nous : nous se-
« rons avec eux la chair et les os. Dieu le veut! Les
« Français sont grands! Mais il faut, pour leur honneur
« et leurs intérêts, que les faits viennent après les paroles.
« S'ils nous abandonnaient, s'ils ne tenaient pas leurs pro-
« messes, ils terniraient leur nom et nous n'aurions plus
« qu'à nous faire égorger jusqu'au dernier. »

CHAPITRE V.

DES RÉSULTATS DÉJÀ OBTENUS.

Les questions que nous venons d'effleurer vont se débattre ; puissent-elles enfin se résoudre ! il est temps que l'avenir soit fixé. Il n'y a pas de juste milieu dans l'affaire algérienne : être ou n'être pas, voilà ce dont il s'agit.

Pendant que les législateurs discutent, c'est à nous, colons, soldats, administrateurs, à défendre par des faits la cause à laquelle nous attachent ou nos intérêts ou nos devoirs ; à nous, de mettre des résultats à la place des espérances, de prouver le mouvement en marchant ; à nous, de rendre durable par la probité, par la raison, par la justice, par le commerce et l'agriculture, la conquête que donne l'épée !

Alger était à peine conquis qu'une révolution a changé la face de la France. Arrivés ici sans idée arrêtée, nous y sommes restés sans but. Une incertitude fatale a plané sur toutes nos résolutions ; les systèmes, les hommes, les vues, tout a changé tous les six mois ; nos passions sont venues se mêler à notre inexpérience, aux difficultés locales ; nous avons entassé erreur sur erreur, et trop heureux si nous n'avions commis que des erreurs ! Au dedans, au dehors, dans les conseils, dans la population, dans l'administration, dans les événements, tout a été obstacle.

Si, au milieu de tous ces obstacles, si malgré l'absence d'un système que le Gouvernement n'a point encore adopté complétement, et qui ne peut l'être en effet, parce que c'est le temps et non les théories qui fonde les systèmes

4.

rationnels; si avec une législation vicieuse, avec des administrations faibles encore et soumises à des changements fréquents, nous avons à présenter le tableau toujours croissant de notre action sur les indigènes, de la fortune publique et du commerce, ne serons-nous pas fondé à prétendre que cette colonie renferme des éléments d'avenir et de prospérité? Si nous en sommes venus là sans priviléges coloniaux, sans protection spéciale, malgré les événements, malgré les mauvais vouloirs, malgré l'irrégularité et les difficultés des communications, n'aurons-nous pas prouvé que l'Afrique renferme des éléments de vitalité, qu'elle peut être un jour utile à la France?

Les limites de cet écrit, le temps qui nous presse et nous force à jeter presque au hasard, sans art et sans méthode, quelques-unes des réflexions que nous avons faites depuis quatre ans, ne nous permettent pas de tracer le tableau de cette Afrique périssant de marasme, inculte, presque déserte quand nous y avons abordé; nous ne pouvons décrire en regard toutes les créations et les opérations qui, en augmentant notre puissance, ont accru la valeur du capital que représente aujourd'hui le nord de l'Afrique; mais certes, à voir ces places et ces rues ouvertes sur des ruines, ces édifices nombreux que l'industrie particulière élève de toute part, les magasins, les forts, les casernes, les camps qui ont été construits; à voir ces routes magnifiques, vastes bras qui étreignent le pays et l'enchaînent à la France, monument déjà impérissable de notre séjour en Afrique et du dévouement de l'armée; à voir ces cultures qui s'étendent dans la plaine, là où, depuis un temps immémorial, la terre inculte restait improductive, il n'est personne qui ne sente que s'il s'agissait de céder notre conquête, la valeur n'en devrait être portée infiniment plus haut qu'elle ne l'eût été il y a quelques années.

De toutes parts aujourd'hui la population nous arrive : la population européenne, à Alger seulement, monte à dix mille âmes, dont près de quatre mille Français. Les Baléares, l'Espagne, Naples, la Suisse, l'Allemagne nous envoient des émigrants ; l'Afrique est ouverte à tous les proscrits, et la politique y perd sa triste âpreté.

Les départements de la Sarthe, de la Drôme, du Var, du Doubs, du Jura, de l'Isère, de l'Aude, etc., nous demandent place pour leurs enfants.

Les capitaux eux-mêmes, plus difficiles à déplacer, commencent à venir chercher en Afrique un emploi qu'ils ne trouvent pas aussi avantageux en Europe. Lille, Rouen, Marseille, Bordeaux même, qui doit être notre antagoniste par position, envoient sur les lieux et commencent à s'enquérir. Des compagnies nombreuses tentent de se former, et de ces efforts il reste toujours quelque chose ; de riches banquiers étrangers sont venus nous visiter et se disposent à lier avec nous des relations d'affaires.

Le mouvement est donné ; il ne faut qu'un peu de persévérance et d'habileté pour qu'il s'achève, un peu d'ordre pour qu'il se régularise.

En 1835, malgré les sinistres de janvier et de février, qui ont englouti tant de navires sur toutes les côtes de la Méditerranée, malgré le choléra, malgré la guerre, 2,090 navires jaugeant 136,240 tonneaux, et montés par 16,858 hommes d'équipages, ont fréquenté nos ports.

Sur ce nombre, 341 navires jaugeant 28,524 tonneaux, et montés par 2,413 marins, appartiennent à la France. Elle est entrée pour 1/6 dans le nombre des vaisseaux, pour 1/5 dans le tonnage, pour 1/7 dans le nombre de marins. Une législation nouvelle, favorable à la métropole, augmentera ce commerce de transport.

Le mouvement commercial des importations et exportations a été de.............. 19,282,287^f 42^c

Savoir :

| Importa-tions. | Pour l'armée.... | 4,614,673^f 36^c | 16,778,737 39 |
| | Pour le commerce | 12,164,064 33 | |

Exportations................... 2,503,564 03

TOTAL égal........ 19,282,287 42

En ajoutant les réexportations, les opérations de la côte, etc., on peut évaluer à 23 millions, environ, le mouvement commercial en 1835.

Calculez la main-d'œuvre, les échanges, les transports qui sont résultés de ce mouvement de 23 millions, dans un pays qui ne faisait pas, avant nous, pour 8 millions d'affaires, et jugez si c'est chose indifférente pour l'Europe et pour nous, que l'occupation de l'Afrique par la France; jugez si nous ne sommes pas à même de vous donner un jour une compensation de vos sacrifices.

Les quantités introduites se décomposent ainsi qu'il suit, entre la France et l'étranger.

(Voir le tableau d'autre part.)

TABLEAU GÉNÉRAL des Importations en 1835.

VALEUR des MARCHANDISES INTRODUITES.	DE FRANCE,		TOTAL des MARCHANDISES venant de France.	DE L'ÉTRANGER.	TOTAL GÉNÉRAL.
	de la CONSOMMATION	des ENTREPÔTS.			
Pour le commerce { en franchise......	674,127f 21c	2,094,138f 47c	2,768,265f 68c	1,995,404f 48c	4,763,670f 16c
avec payement des droits........	2,674,229 55	532,546 68	3,206,776 23	4,193,617 64	7,400,393 87
Total des valeurs concernant le commerce...............	3,348,356 76	2,626,685 15	5,975,041 91	6,189,022 12	12,164,064 03
Pour l'armée, en franchise....	2,549,525 52	383,374 20	2,932,899 72	1,681,773 64	4,614,673 36
TOTAL GÉNÉRAL......	5,897,882 28	3,010,069 35	8,907,941 63	7,870,795 76	16,778,737 39

Ainsi, en ce qui concerne le commerce, les importations de la France ont été à celles de l'étranger, dans la proportion de 0,49 à 0,51; celles destinées pour l'armée, dans la proportion de 0,63 à 0,37, et les importations générales comme 0,53 : 0,47.

Laissant de côté les importations destinées à l'armée (cette consommation aurait eu lieu en France si elle ne s'était pas faite en Afrique), nous trouvons que les importations et les exportations se sont progressivement élevées depuis 1832, les premières au double, les autres au triple; et ce dernier résultat est d'autant plus remarquable que l'ancienne Régence exportait à peine pour quinze cent mille francs.

Tableau comparatif des Importations et Exportations de 1832 à 1835.

ANNÉES.	VALEUR DES	
	IMPORTATIONS.	EXPORTATIONS.
1832............	6,256,920^f 00^c	850,659^f 00^c
1833............	7,599,158 03	1,028,410 60
1834............	8,560,236 42	2,376,662 29
1835............	12,164,064 03	2,503,544 03

Nos exportations d'Alger pour la côte se sont élevées à 286,612 francs, et présentent, sur 1834, une augmentation de 33,308 francs; ce qui prouve que la consommation de nos produits par les Arabes augmente de jour en jour.

Bougie, réduit à rien par les bruits d'évacuation qui ont retardé d'une année au moins le mouvement déjà intéressant que présentait cette place, a reçu pour 81,224 fr.

de marchandises , dont 24,123 fr. par terre ; elle en a expédié pour 39,542 fr., dont 7,305 fr. par terre.

A Bône, malgré la peine de mort prononcée par Achmet, bey de Constantine , contre ceux qui feraient le commerce avec les Français, il est arrivé en six mois seulement, de cette dernière ville, pour 21,900 francs de marchandises.

Oran, Arzew, Mostaganem, où nos relations avaient cessé pendant la guerre, voient de nouveau affluer sur leurs marchés les Arabes de l'intérieur, et quelque jour, c'est par là qu'avec un peu de persévérance nous parviendrons à ramener les caravanes de l'intérieur.

Nous joindrons à ces faits quelques renseignements recueillis avec soin :

Les indigènes prennent goût aux vins, aux liqueurs fortes, dont la consommation augmente journellement.

Le pain français était méprisé par eux : ils commencent à assiéger la porte de nos boulangers ; leur pain lui-même est plus blanc qu'autrefois, ce qu'il faut noter comme un signe d'aisance. Les bas, les gants, les chaises, la poterie fine, la porcelaine, les tables, les pendules, l'argenterie, les bouteilles , toutes choses à peu près étrangères aux Africains avant notre arrivée, commencent à entrer dans la consommation des Maures et des Israélites.

Les objets les plus communs de quincaillerie, tels que pelles, seaux, ciseaux, couteaux, sébiles, outils, sont achetés par les Arabes ; nous n'encourageons pas assez ce genre de commerce : rappelons-nous que les frères Llander ont trouvé des conteaux anglais jusque dans les huttes misérables de l'intérieur de l'Afrique.

Le nombre des patentes délivrées en 1835 a été de 3,050, ce qui donne sur l'année dernière une augmentation de 519.

Les Juifs et les Maures, comme les Européens , ont

pris part à ce commerce de détail , ainsi qu'il résulte du tableau ci-après :

VILLES.	NOMBRE DE PATENTES DÉLIVRÉES À DES			
	Européens.	Juifs.	Maures.	TOTAL.
Alger..............	867	427	985	2,279
Bône..............	187	168	11	366
Oran.............	191	63	47	301
Mostaganem	33	21	50	104
TOTAUX....	1,278	679	1,093	3,050

Nous devons ajouter que dans l'état actuel de la législation, et vu la faiblesse du personnel, beaucoup d'industries échappent à la taxe, beaucoup d'industriels à l'impôt.

Il a été enregistré, en 1835, 24,910 actes; augmentation sur 1834, 7,370.

Une progression sensible dans le mouvement des capitaux se manifeste par le nombre et le montant des obligations, transferts de créances et quittances passés en 1835.

Malgré les démolitions qui ont eu lieu par suite de vétusté ou pour l'élargissement des rues, le produit des locations d'immeubles domaniaux, qui, en 1834, avait été de .... 141,146^f 62^c
s'est élevé, en 1835, à........... 183,845 70

Augmentation en 1835..... 42,699 08

Ce qui donne la mesure de la plus-value qu'acquièrent les immeubles d'année en année.

L'ensemble des produits a suivi une progression moins favorable, par suite du choléra et de la réduction des droits; néanmoins le montant des contributions et revenus publics présente une augmentation sur 1834; et, depuis 1831, l'accroissement général est dans les proportions de 1 à 2 1/2.

Montant des contributions et revenus publics, de 1831 à 1835.

ANNÉES.	MONTANT des perceptions.
1831.	929,709^f 67^c
1832.	1,400,415 77
1833.	1,808,460 19
1834.	2,119,187 50
1835.	2,130,634 19

Ainsi, dès aujourd'hui, le nord de l'Afrique peut trouver dans les revenus qu'il produit les ressources suffisantes pour couvrir les dépenses de l'administration civile; non-seulement pour couvrir ces dépenses, mais encore pour acquitter au ministère de la guerre les frais de passage des colons, l'indemnité de logement qui devrait être accordée aux officiers, au lieu du logement en nature, et les indemnités dues pour démolitions d'immeubles : mesures réparatrices, mesures fécondes, qui allégeraient le budget de la guerre, rendraient de la valeur aux propriétés, augmenteraient le nombre des logements disponibles, donneraient du travail à l'industrie et accroîtraient les revenus par la location ou l'aliénation d'un grand nombre d'immeubles domaniaux rendus disponibles.

Il y a dans une bonne administration, dans l'ordre, dans l'acquittement des indemnités dues pour le passé, dans l'emploi judicieux des revenus, dans l'affectation de ces revenus aux dépenses, des ressources considérables qu'il serait facile de réaliser et qui féconderaient l'avenir.

Ajoutez à ces résultats les essais nombreux de culture, les plantations multipliées, l'agriculture s'étendant, lentement il est vrai, mais progressivement;

A Bouffarick, à 9 lieues d'Alger, au centre de la plaine, sous la protection du camp d'Erlon, des Européens élevant des maisons et conduisant la charrue; plus de 500 Arabes travaillant aux canaux de desséchement;

Dans l'est, à 7 lieues, le prince de Mir, Polonais et proscrit, faisant travailler, sur une terre inculte il y a quatre mois, 150 Européens et 350 Arabes, tribu naguère errante, attachée aujourd'hui au sol; 77 charrues, 160 bœufs en activité, plus de 1,000 arpents ensemencés, des routes ouvertes et plantées, des bâtiments construits ou réparés; la croix et la cloche surmontant les édifices où travaillent les Arabes, une école mutuelle où ils apprennent le français, une mosquée près d'une chapelle, un marabout près d'un pasteur, une pharmacie près d'une auberge, etc., etc. Il y a deux ans il fallait une armée pour faucher les foins sur ce lieu même.

Quatre lieues plus loin, à la ferme Regahia, MM. Mercier et Saussine entreprennent, sur une plus grande échelle, une exploitation agricole.

Ajoutez les résultats politiques que nous vous avons présentés plus haut : des beys nommés par la France à Tlemsen, à Mostaganem, à Médéah; Miliana demandant l'installation du sien et offrant des otages; Ben Omar, Mustapha Ismaïl, Ibrahim, Mazari, vingt autres dont les noms nous échappent, servant sous nos drapeaux, et qui ont déjà reçu, à notre service, le baptême du sang.

Vous demandiez des résultats : les voici, énumérés avec chaleur, mais de bonne foi; les voici dans leur réalité, les voici obtenus en moins de six ans; et qu'est-ce que six ans pour fonder une nation, six ans de doute, d'irrésolution, de fautes et de changements?

Je voulais rester froid et je sens que je m'anime : c'est que la question d'Alger est chose grave pour mon pays; c'est qu'elle est chose grave pour la révolution de juillet et pour la dynastie qu'elle a fondée; c'est qu'elle intéresse la gloire, la politique et le commerce de la France !

Abandonner cette conquête de la restauration, cette partie du monde à civiliser glorieusement, ce débouché pour nos produits, cette terre en friche propre à donner en abondance la soie, l'huile, la laine, le coton, la cire et le tabac, que nous achetons à l'étranger, c'est une faute ou une honte : une faute, car d'autres le feraient à notre détriment; une honte, car la colonisation est possible.

Les difficultés sont grandes; elles ne sont pas insurmontables.

Les sacrifices à faire sont considérables; ils ne seront pas sans fin ni sans compensation.

Que faut-il pour réussir? deux choses :

Savoir et vouloir.

Six ans bientôt se sont écoulés depuis qu'un drapeau français a flotté, pour la première fois, aux murs de la Casbah; les enfants maures et juifs parlent déjà notre langue, et nous ne sommes pas encore fixés!

Mais ne voyez-vous pas que ces discussions annuelles, que ces menaces répétées, que ces attaques constantes ébranlent la confiance, effraient les capitaux, paralysent l'administration; et sont le premier obstacle que nous ayons à vaincre.

Nous pourrions vous citer dix capitalistes qui attendent votre discussion pour envoyer des fonds et tenter des entreprises agricoles.

Nous devons vous dire que, sous la tente, l'Arabe curieux et conteur redit les nouvelles de la ville, et qu'il ne manque pas d'officieux prompts à répandre l'espérance d'un abandon pour retarder les soumissions.

Est-ce sur un sol mouvant que l'on peut construire un édifice solide? Le temps, la confiance, la sécurité ne sont-ils pas les premiers éléments, les premières bases de tout établissement durable?

Nous ne sommes pas sur un théâtre, où les changements puissent se faire à un signal donné ; nous sommes sur une terre qui nous a reçus en ennemis, où nous sommes restés sans savoir ce que nous voulions faire, où tous les jours nous avons changé de principes et d'idées, où le pouvoir, mobile comme nos pensées, a varié tous les six mois, où il n'est pas plus tôt installé qu'il est l'objet de toutes les attaques, où nous trouvons un climat, des mœurs, des hommes que nous connaissons mal, où nous succédons à un gouvernement dont le système et les habitudes étaient différents des nôtres.

Et lorsque nous sommes placés dans une semblable position, lorsque nous avons derrière nous un passé inextricable.... vous trancheriez la question comme si l'expérience avait pu être complète !

Mettez-nous dans les conditions de succès donnez-nous pour un temps, force, dignité, confiance... et vous jugerez ensuite.

CHAPITRE VI.

RÉSUMÉ.

L'intérêt politique et commercial qui commande à la France la conservation de l'ex-régence n'est plus mis en doute aujourd'hui. Si l'opinion avait pu être incertaine à cet égard, les discours de MM. Laurence, Semeric et Charles Dupin auraient suffi pour la fixer.

L'abandon est impossible.

La conservation purement militaire, c'est l'abandon déguisé, c'est la dépense sans compensation.

De simples comptoirs sont un non-sens dans un pays où, pour obtenir de la production comme de la consommation, il faut d'abord façonner la population à nos usages et attirer les bras et les capitaux.

Reste la perspective de garder, en étendant peu à peu notre influence et notre sphère d'action par la force et les négociations, par la fermeté et la justice.

Ce résultat ne peut être obtenu qu'autant qu'on saura faire tous les sacrifices reconnus nécessaires.

Reculer devant cette nécessité, c'est manquer le but et dépenser sans produire.

Le commerce est le vrai et peut-être l'unique moyen de civilisation. L'intérêt personnel peut seul balancer le fanatisme politique et religieux. La pauvreté des Arabes et leur peu de besoins actuels ne sont pas un obstacle : ils aiment l'argent, le pouvoir, les honneurs qui, chez eux comme chez les autres peuples, font dominer ceux qui les possèdent; ils recherchent toutes les occasions d'en acquérir, et leurs besoins grandissent à mesure qu'ils peuvent les satisfaire.

Si le commerce est le premier moyen de civilisation, les ports et les centres de population sont la clef du commerce intérieur et extérieur.

Il ne faut donc en abandonner aucun.

En Afrique, il ne faut jamais reculer, jamais hésiter : les actions doivent être franches et décidées, comme le langage doit être ferme et net.

Il faut, au contraire, augmenter nos points de contact avec les Arabes et multiplier nos relations en occupant, soit par nous-mêmes, soit par nos partisans indigènes, les points principaux du littoral et de l'intérieur. Ce sont les foyers d'où notre influence s'étendra sur le pays.

Le système indiqué est le seul qui puisse donner des compensations réelles.

En suivant un autre système, en refusant de donner à celui-ci les développements qu'il comporte, on compromet le présent, on tue l'avenir, on s'impose de nouvelles charges.

Les compensations naîtront de la colonisation.

Coloniser, c'est peupler, cultiver, expédier et recevoir.

Sans puissance, pas de relations avec les Arabes.

Sans population, pas d'agriculture.

Sans agriculture et sans relations avec les Arabes, pas de commerce.

Sans agriculture et sans commerce, pas de compensations.

Les vraies compensations consistent :

Dans l'augmentation dont la France s'enrichira, dans la consommation de ses objets manufacturés, dans le travail, les échanges et les transports qui en résulteront pour la métropole et pour sa colonie, dans les ressources qu'elle y trouvera, dans la culture de denrées et l'exportation de matières premières qu'elle ne produit ou ne possède pas.

Le premier besoin, c'est la confiance dans l'avenir.

Le premier moyen, c'est la force.

La force et l'intérêt font toute la politique applicable au pays; force raisonnée, intelligente, qui montre le fer dans une main, les faveurs dans l'autre, qui punit et protège, et marche toujours accompagnée de l'équité naturelle et de la droiture.

Il faut s'attacher partout les hautes influences, imposer pour première condition la reconnaissance de la souveraineté de la France et le payement des tributs. L'acquittement des contributions est le signe de la soumission; différer de les exiger, c'est laisser croire qu'on n'a pas la force de les obtenir.

En intéressant les grands à notre domination, nous augmentons nos moyens d'action, nous diminuons les résistances, nous rendons plus facile et plus efficace l'exercice de la souveraineté, nous rétablissons l'ordre, qui profite à nous comme aux peuples que nous avons à régir.

Une force militaire imposante nous est nécessaire; c'est la sanction donnée aux mesures politiques, c'est le moyen de jeter les bases d'un pouvoir solide et durable, c'est le secret pour pouvoir rester juste et modéré sans danger.

Cette force doit être appropriée au pays.

Son action doit tendre à ne laisser impuni aucun désordre, aucune déprédation, à soutenir et à défendre ceux qui se déclarent pour nous, à maîtriser ceux qui se présentent en ennemis.

Faire porter les économies sur le nombre des troupes ou sur les fonds destinés à la solde ou aux présents à donner aux indigènes, c'est un suicide.

Si nous avons à faire des économies, qu'elles soient ailleurs; si nous n'en faisons pas de quelque temps, qu'importent deux ou trois millions de plus sur un budget d'un milliard, quand l'avenir est à ce prix ?

Le Gouvernement ne doit pas coloniser par lui-même; il doit faciliter le mouvement, et le hâter en combattant les mauvaises passions; il doit favoriser les spéculations loyales et utiles en faisant obstacle à celles qui sont illicites ou contraires à l'intérêt commun.

La législation doit être claire et précise;

L'administration, simple, active, laborieuse et homogène.

Le commerce avec les Arabes doit être libre et dégagé de tout monopole : appeler le plus grand nombre possible d'indigènes au travail, au commerce, au bien-être qui en résulte, c'est se ménager l'alliance des peuples, bien plus efficace encore que celle des grands, qui les premiers cependant, peuvent entrer en négociation avec nous.

En tout, il faut des idées arrêtées, une volonté forte en France comme elle existe en Afrique, une direction unique, des hommes habiles et probes, et la confiance du succès.

Le système que l'on vient d'analyser était contenu dans les faits : telle est sa vérité, qu'il s'est en quelque sorte dessiné de lui-même, malgré l'absence de vues; telle est son efficacité, qu'à travers tous les obstacles il présente déjà des résultats qui sont un gage pour l'avenir.

Non, la difficulté n'est pas dans le sol, dans le climat ou dans le caractère des indigènes... elle est en nous-mêmes.

www.ingramcontent.com/pod-product-compliance
Lightning Source LLC
Chambersburg PA
CBHW051136050726
47594CB00003B/1117